Lía Zassha de Octavio

Una promesa de libertad
TRAICIONADA

— ENSAYO —

Editorial
Lector Cómplice

Caracas, 2018

© Una promesa de libertad traicionada
© Lía Zassha de Octavio
1ª edición en español: octubre 2018
© Editorial Lector Cómplice

Editora: LES QUINTERO
Diagramación de texto y diseño de portada:
CARLOS PÉREZ CÁRDENAS

Queda hecho el depósito que marca la ley
Depósito Legal: DC2018001756
ISBN: 978-980-429-012-1

Editorial Lector Cómplice
Caracas 1014 - Venezuela
Email: editorial.lectorcomplice@gmail.com
www.lectorcomplice.com.ve

DEDICATORIA

A Maiku amante de las bellas artes: musa de la literatura, inspiración de la pintura y de la escultura, arquitecta de su realidad, amante del cine, ángel de la danza, Brage te dotó con la música y la poesía.

A Max, simplemente mi inspiración.

Introducción

Es imperioso partir de la convicción que la filosofía, necesariamente, demanda el razonar sobre todo aquel pensamiento previo que posibilite pensar la sociedad existente para dar cabida a nuevos sistemas de ideas; es decir, pensar qué estamos siendo para trascender al qué queremos ser. La profundización en el análisis de la experiencia estética en Marcuse podría vigorizar su propuesta teórica y poner sobre el tablero de juego de la filosofía contemporánea la discusión sobre la relación existente entre la sensibilización de la conciencia, la fruición estética y la transformación social.

Esta investigación pretende analizar la dimensión estética de Herbert Marcuse como la fruición erótica consciente y creadora en la que el hombre se hace libre.

En su ensayo El Arte en la Sociedad Unidimensional, Herbert Marcuse, afirma que "el arte es una facultad cognoscitiva con una verdad suya propia, […] el lenguaje del arte descubre una verdad oculta y reprimida" (Marcuse, 1972, pág. 181). El arte contiene la verdad del mundo, la realidad expresada y materializada en una obra de arte. Marcuse entiende que el arte tiene un poder radicalmente liberador y que es lo único que tiene la facultad de conectar la historia en el tiempo, a saber, pasado, presente y futuro. En esta investigación se va a realizar un análisis de la dimensión estética del autor utilizando como fuente primaria su obra La Dimensión Estética, Crítica de la Ortodoxia Marxista.

Herbert Marcuse desarrolla una teoría en la que la represión libidinal ha sido la médula de la sustentación de la civilización y de su evolución. La civilización transforma el principio de placer en principio de realidad y de esta manera consigue que este "se materialice en un sistema de instituciones. Y el individuo, creciendo dentro de tal sistema, aprende los requerimientos del principio de realidad como los de la ley y el orden y los transmite a la siguiente generación" (Marcuse, 1983, pág. 30). Por supuesto, este mecanismo no implica una modificación genética, por lo que la subyugación del principio de placer y el establecimiento del principio de realidad deben ser ejecutados por la sociedad continuamente, es decir, que la civilización va desarrollando mecanismos culturales y sociales represivos más avanzados en la medida que esta evoluciona. Sin embargo, dentro de su teoría crítica eleva propuestas que dirigirán al hombre a una sociedad liberada. Una de las maneras en las que el hombre puede evitar que el principio de placer desaparezca represado en el principio de realidad es a través de la dimensión estética.

En su obra *Eros y Civilización* plantea que "la dimensión estética no puede hacer válido ningún principio de realidad [...] el campo de la estética es esencialmente irrealista: se ha conservado libre en relación con el principio de realidad al precio de carecer de efectividad en la realidad" (Marcuse, 1983, pág. 163). Marcuse se enfrenta a la siguiente cuestión: para el marxismo ortodoxo la realidad solo puede ser transformada en la práctica política radical, desdeñando la función estética como poder transformador de consciencias. Esta visión de la estética es el resultado de una represión histórica de los constructos que se oponen al "principio de actuación", que es el mismo principio de realidad.

Por otro lado, la visión utilitaria del arte en el que la obra de arte no es entendida como un todo sino juzgada desde la lucha de clases deja de lado la resolución de problemas estéticos, los cuales son de gran importancia no solo para la constitución de una sociedad liberada, sino también para la crítica de la realidad: "el mundo en realidad es como aparece en la obra de arte" (Marcuse, 2007, pág. 55). Y es que el arte es la realidad dada y a su vez es liberador de la realidad.

De esta manera el autor se posiciona frente al planteamiento sobre la estética que realiza el marxismo ortodoxo. Su libro *La Dimensión Estética, Crítica de la Ortodoxia Marxista*, es la expresión de la teoría crítica partiendo de la idea de una dimensión estética del hombre que se enfrenta con el reduccionismo de la racionalidad tecnológica rentable característica de la civilización contemporánea avanzada. El arte se presenta, entonces, alejado de la práctica de la realidad, pero como un elemento necesario para una futura práctica de la liberación y de la conciencia creadora. El arte tiene en sus haberes la pretensión de mostrar la realidad, "el arte no puede cambiar el mundo, pero puede contribuir a transformar la consciencia y los impulsos de los hombre y mujeres capaces de cambiarlo" (Marcuse, 2007, pág. 80).

Todo este asunto reside en la consideración que hace Marcuse sobre la dimensión estética del hombre en la que eros y tánatos lo enajenan de la realidad para sacarlo de la sublimación represiva y llevarlo hacia la sublimación gratificante liberadora. No se trata aquí de vislumbrar el arte solo como un problema enmarcado en la filosofía estética sino también en la teoría crítica social a partir de una singular interpretación freudiana, en tal sentido el problema se sitúa en la estética-social, es decir en la estética dimensionada a la solución de los problemas sociopolíticos a los que se enfrenta el individuo sublimado, el individuo que requiere acceder a un estado de belleza y libertad. La acción liberadora, desublimada, del arte, va a repercutir directamente en la liberación de la conciencia, en la liberación del Ser. Así, necesariamente, la investigación se dirige al análisis del concepto de arte en Marcuse, lo que permitirá determinar su relación con el instinto de vida y su alcance en el principio de realidad, los cuales son dos conceptos que se colocan sobre el tapete en los últimos escritos freudianos.

Es importante resaltar la importancia del estudio de la dimensión estética para superar el determinismo que se impone a la descripción y a la interpretación del arte como lenguaje de la imaginación emanado del principio de realidad. Aunado a esto la importancia que tiene para la academia el des-ocultamiento de las teorías filosóficas no-ortodoxas, que tienen otros modos de plantear y abordar los problemas filosóficos.

Por otro lado, Marcuse, teórico de la satanizada y ensalzada Escuela de Frankfurt, realizó importantes aportes filosóficos emanados desde su visión freudo-marxista tratados con cierta modestia en las academias, entre ellos su estudio sobre el arte en La Dimensión Estética, Crítica de la Ortodoxia Marxista, en donde entiende que la liberación instintiva va a implicar una modificación en el sistema de valores civilizatorios, pero para lograr esta liberación el hombre debe enajenarse de la cruenta realidad y esto solo es posible en la dimensión estética.

El campo de reflexión de esta investigación es la estética, sin embargo, la obra de Marcuse responde a un esquema dialéctico en el que todo constructo que incorporó a su quehacer teórico cumplía una función en la teoría crítica de la sociedad capitalista y socialista avanzadas. Asimismo, la estética tiene un lugar privilegiado en la teoría marcusiana: "observaba a la dimensión estética del hombre como aquella que podía reabrir el camino hacia el pensamiento crítico y habilitar con ello la posibilidad de un auténtico cambio social." (Conti, 2012, pág. 13).

CAPÍTULO I

El concepto de arte

*El Arte, que posibilita al hombre la satisfacción
de impulsos en el ámbito de la fantasía.*

FREUD (1984)

La palabra arte deriva del latín *ars*, que a su vez es una traducción del griego τέχνη; sin embargo, ambos vocablos no tenían el mismo significado que tiene el sustantivo común arte para nosotros. La τέχνη, estaba relacionada con la destreza de un sujeto para ejecutar determinada actividad o construir un objeto bajo el conocimiento sobre ciertas reglas. Para Tatarkiewicz esto representó la incorporación de la idea de arte al concepto de regla y no lo contrario: "el arte del arquitecto tiene sus reglas, diferentes de las del escultor, del alfarero, del geómetra y del general" (Tatarkiewicz, 2001, pág. 41). Los griegos entendían que el arte consistía en seguir las reglas de una determinada labor elevada de una forma adecuada, el artista era quien poseía el conocimiento de estas reglas.

En la edad media se incorpora parte del pensamiento antiguo sobre el arte: el arte no solo comprendía las actividades que hoy conocemos como bellas artes sino también los oficios de ejecución manual, así como los oficios de las ciencias, así la escultura es arte como lo puede ser la alfarería y la física. La división de arte estaba fundamentada en el esfuerzo intelectual o físico que se debía emplear. Las de esfuerzo intelectual la antigüedad las denominó artes liberales y las de esfuerzo físico artes vulgares, mientras que los medievales a estas las denominaron artes mecánicas.

La evolución del concepto en la filosofía medieval concluyó en la utilización del vocablo *ars* para referirse a las artes liberales. Sin embargo, de las actividades que en la actualidad se conocen como arte solo se incorporó la música, por su cualidad de teoría de la armonía.

La edad moderna, dio un primer salto al incorporar la poesía dentro de las artes liberales a causa de la abrupta influencia de la publicación de La Poética de Aristóteles en el siglo XVI. "La belleza en el Renacimiento comenzó a valorarse más y a jugar un rol en la vida que no había tenido desde los tiempos antiguos" (Tatarkiewicz, 2001, pág. 44). Esto implicó un cambio en las condiciones materiales económicas de los artistas. Decidieron continuar el legado normativo de la antigüedad, así se transaron en fortalecer las reglas que guiaban su labor artística, incluso buscaron la perfección matemática en sus productos. Esto les permitió mantener una posición social desde la erudición de la ciencia y no volver a caer en el estrato de artesano que era considerablemente desfavorable.

A pesar de mantener el concepto antiguo de arte, se buscó incorporar nuevos elementos al mismo, así la idea de arte comenzó a entenderse como *producir belleza*. Poco a poco la modernidad fue agregando nuevos constructos a la idea de arte: el pensamiento y la expresión complementaron la idea de belleza subsumida per se en el arte.

Tatarkiewicz propone seis rasgos distintivos del arte sobre otras actividades humanas: 1) produce belleza: la belleza es el valor y el propósito de toda actividad artística; 2) representa y reproduce la realidad: esta característica pasó de la mímesis a la representación no mimética del mundo; 3) crea formas: el arte como construcción de cosas, se encarga de dotar a la materia de forma; 4) es expresivo: el arte es una forma de comunicación, expresa la verdad del mundo, expresa las sensaciones, pensamientos e ilusiones del artista; 5) produce experiencia estética: el arte lleva al hombre a experimentar una serie de sensaciones que van a explotar sus capacidades sensuales y racionales; y 6) produce un choque: una de las funciones del arte es impresionar al contemplador.

Esta clasificación de las cualidades del arte es una síntesis de la historia de la filosofía estética desde el Renacimiento hasta el siglo XX. Esto permite a los estetas cualificar un objeto como artístico de acuerdo con el cumplimiento de al menos una de estas características.

Así el concepto de arte en la edad moderna propuesto por este autor es el siguiente: "algo es una obra de arte si y solo si es o bien la reproducción de cosas, la construcción de formas, o la expresión de experiencias, que puedan al mismo tiempo deleitar, emocionar o producir un choque" (Tatarkiewicz, 2001, pág. 67).

Esta pequeña introducción permite guiar el curso de la investigación hasta la primera obra estética inmersa en un sistema filosófico, que debe ser tomada como fuente teórica de Marcuse: *La Crítica del Juicio*.

Para comprender la teoría del arte en el sistema filosófico kantiano hay que comprender que el arte ocupa un lugar central entre lo sensual y lo moral, y en consecuencia debe contener cualidades válidas para ambas ideas. Todo arte, sin excepción, debe tener un concepto que lo haga posible. Es decir, el producto artístico, para Kant (1724-1804), está determinado por reglas preliminares que van a determinar su naturaleza artística. La obra de arte solo puede ser clasificada como tal en tanto se encuentre inmersa en una reglamentación que solo es posible como producto del genio:

Todo arte presupone reglas mediante cuya fundamentación se representa como posible un producto, si es que tal producto debe denominarse artístico. [...] Ningún producto puede llamarse arte sin una regla precedente, entonces la naturaleza en el sujeto (mediante la índole armónica de sus facultades) debe dar la regla al arte, esto es, el arte bello solo es posible como producto del genio (Kant, 1954, pág. 44).

Entonces, el arte, que solo es posible como producto del genio reglamentado y está íntimamente ligado a la estética, presenta la imposibilidad de una reglamentación deductiva para el juicio del gusto y, consecuentemente, imposibilita la deducción de una regla específica para clasificar la obra de arte e incluso para definir el propio arte. Sin embargo, la concepción del juicio del gusto plantea unas ideas esclarecedoras en donde se puede enmarcar la idea de arte en Kant: "Pero nosotros no podemos esclarecer mejor esta verdad capital, sino oponiendo a la satisfacción pura y desinteresada propia del juicio del gusto" (Kant, 1954, pág. 31).

Se puede decir que arte es todo aquello que ofrece placer desinteresadamente, en tanto que, al contemplar una obra de arte, la obra misma no demanda nada de su observador. Esta, una cualidad que también se halla en la belleza natural, pero que superando esta última se vuelve inexplicable en la naturaleza sublime.

El arte, o más bien el concepto de arte en Kant está inscripto en el mismo objeto artístico: el arte es en tanto que el genio produzca objetos circunscriptos a una reglamentación particular, que permitan al juicio del gusto atribuirles categorías o mejor sentimiento de bello o de sublime.

Es ocasión aclarar que como el juicio del gusto no es determinable por ningún principio no puede existir una ciencia de lo bello, lo cual no significa que carezca de a priori, de ser así no podría servir de juez sobre la belleza. Sin embargo, Kant comete el error de pensar el arte desde la razón pura, partiendo de la contradicción establecida entre lo sensible y lo inteligible.

El estudio de los juicios kantianos fue forjando el carácter de Schiller (1759-1805), su filosofía estética está impregnada de la filosofía kantiana, propiamente de la crítica (aclaraciones y objeciones); su principal objeción a Kant es haber relacionado lo bello a la razón teórica. En cambio, Schiller, lo relaciona a la autonomía de la razón práctica es decir a la acción, acción en la que la belleza se plantea como representación de la libertad. Como principal característica de su propuesta estética está "su intento de infundir objetividad en la estética subjetivista de Kant y crear conciliación y armonía allí donde Kant había buscado el contraste entre la naturaleza y el espíritu, entre lo sensible y lo inteligible" (Plazaola, 2007, pág.128).

Así sin negar la validez absoluta de los juicios morales procura buscar la integración de contenido sensible evidente en la dualidad del hombre entre la necesidad de la naturaleza y la libertad de la voluntad. De esta manera el arte es el estadio en donde lo sensible y lo moral convienen, es decir, la estética es circunstancia de lo moral, es el fundamento que hace del hombre un ser perfecto. De esta manera la educación estética se va a constituir en educación moral. Es en donde se culmina la armonía del hombre y de su humanidad.

> Únicamente el arte nos asegura goces que no exigen ningún esfuerzo previo, que no cuestan ningún sacrificio, que no hace falta pagar con arrepentimientos [...] Procurar este placer es una meta que no puede alcanzarse sino por medios morales [...] Si es la meta misma la que es moral, el arte pierde todo aquello que constituye su fuerza, y aun diría su independencia, y lo que constituye su eficacia sobre todas las almas, el atractivo del placer. El juego que nos recrea se convierte en ocupación seria; y no obstante, es precisamente al recreamos que el arte puede llevar a buen término su gran misión." (Schiller, 1962, pág. 11).

Entonces es el arte para Schiller todo aquello que a través del juego en el goce estético educa la sensibilidad del hombre y lo eleva hasta las fauces del perfeccionamiento moral. Moral y estética no son antagónicas, ni son constructos separados por una suerte de rencilla teórica, más bien se vuelven complementarias, dependientes la una de la otra. El éxito de la formación moral va a estar determinada por la educación estética que es la que va a llevar al hombre al conocimiento de la sensibilidad.

Esta reconciliación entre lo sensible y lo inteligible y un profundo aprecio por la historia del arte llevó a Hegel (1770-1831) a concebir el arte como la segunda forma más pura de expresión del espíritu absoluto. El arte expresa lo bello, proviene del espíritu absoluto, lo que hace a la belleza del arte superior a la belleza de la naturaleza, la cual es solo reflejo del espíritu, no así su creación. La estética de Hegel analiza el arte como uno de los momentos prominentes de la realización del espíritu: "El arte es la manifestación sensible de lo absoluto; la idea de lo absoluto es intuida" (Hegel, 1954, pág. 427).

La síntesis entre lo real y lo ideal va a determinar el contenido del arte, de carácter no naturalista, esto es, el arte no es pura imitación racionalista de la naturaleza, esto obliga a Hegel y a toda la estética posthegeliana a reconocer en el arte el valor de la expresión de la subjetividad. La belleza del arte rebasa necesariamente la belleza de la naturaleza por el simple hecho de que pertenece a la conciencia su objeto es la verdad, pero no una verdad científico-matemática, sino una verdad que emana de la subjetividad humana: "queremos decir que la belleza del arte pertenece a la mente y que solo la mente es capaz de la verdad […] para ser auténticamente bello, algo tiene que tener un elemento de mente y ser el producto de la mente" (Hegel, 1954, pág. 382).

Es así como la obra de arte no se enaltece en la realización de una obra bella, sino en la capacidad de constituirse en una respuesta de la conciencia y en la conciencia, el arte es aquí la visión estructurada del mundo en el que la naturaleza orgánica y la naturaleza inorgánica son partícipes de la organización racional de la vida: "Las formas sensibles y los sonidos del arte se nos presentan no para levantar o satisfacer el deseo sino para suscitar una respuesta y un eco en todas las profundidades de la mente." (Hegel, 1954, pág. 383). El arte, de esta manera, demanda a la interioridad humana, en la obra de arte el hombre se encuentra consigo mismo y se reconoce como creador. El arte no es decorativo, es la expresión pensada de lo bello, es la exterioridad apelando a la interioridad.

Esta dinámica de un arte trascendental y ontológico trajo consigo la necesidad de aplicar un método filosófico que permitiera pensarlo. El arte merecía y debía ser pensado a través de un método que permitiera des- cubrirlo. Ese método no ha sido otro que la fenomenología. Heidegger (1889- 1976), parte de la cosificación de la obra de arte, del ser-cosa de la obra de arte para llegar al ser- obra de la obra de arte y a su vez a dilucidar la idea de arte, a través del procedimiento fenomenológico.

Para Heidegger se debe partir del objeto sensible para determinar el ser-obra de la obra de arte, más esto no implica que se deba permitir la cosificación de lo sensible. Tanto el artista como la obra son materialización del arte mismo, pero no son el arte en sí. El arte es todo eso a lo que no corresponde nada real, se vuelve real en la medida que se muestran artista y obra y, quizás, a través de ellos es que se da conocer el arte en sí. La obra de arte en tanto que tiene un alma distinta a la del artista es un ente más en el mundo de las cosas. "No hay por qué negar el carácter de cosa de la obra, pero puesto que forma parte del ser-obra de la obra, dicho carácter de cosa habrá de ser pensado a partir del carácter de obra." (Heidegger, 1949, pág. 28).

El arte no es algo que se pueda aparecer ante los ojos del contemplador, lo que sí aparece es la obra de arte cosificada y el artista. La obra de arte estará completa cuando entra en juego el papel del espectador que es quien hace esa cosa arte a través de la contemplación y de la experiencia atribuible a esa contemplación.

Sin embargo, es propio de la obra de arte develar la verdad, la verdad de la esencia del arte. Es indefinible la idea de arte, pero esta se materializa en el ser-ahí de la obra de arte contemplada y del artista en sí.

Por otro lado, Marcuse ve en el arte la posibilidad desublimadora de liberación, el arte en sí mismo tiene un poder radical de liberación. En la producción y expectación de la obra de arte el eros narcisista se manifiesta, descarga toda la energía erótica y estética en la representación de la realidad, pero una realidad que se encuentra en el plano del orden de la sensualidad: "el arte reposa en la sensibilidad: en las formas artísticas las necesidades biológicas e instintivas reprimidas hayan su representación, son objetivadas en el proyecto de una realidad diferente" (Marcuse, 1970, pág. 188). El arte, entonces, resulta de la transformación de un contenido en una realidad autónoma, toma una materia hallada en la realidad y talla una forma acabada que la representa, no la copia, sino que construye una realidad subjetiva desde la realidad objetiva.

Esto, por supuesto, no implica que el arte no se pueda valorar a través de criterios de verdad, ni que por ser una representación de la realidad objetiva no exista verdad: "la verdad del arte descansa en su poder para quebrar el monopolio de la realidad establecida (por ejemplo de quienes la establecieron) para definir lo que es real" (Marcuse, 2007, pág.63); entonces el arte es descubierto como un fenómeno histórico-social en el que aparece como verdadera realidad su mundo ficticio.

Así, la obra de arte, como materialización del arte en sí mismo, define la realidad representándola y criticándola; es así como permite la desublimación libidinal y la liberación del eros represado. El arte es creación erótica de la realidad posible desde la realidad dada, es deslumbrarse por la verdad y objetivarla; el eros del artista da a luz una obra de arte[1] que va a ser contemplada como creación: el eros del artista se libera a través de la creación y el eros del contemplador se libera a través de la experiencia estética, es aquí en donde reside verdaderamente el carácter liberador del arte.

EL ARTE, LA SUBLIMACIÓN Y EL PRINCIPIO DE REALIDAD

La teoría psicoanalítica de Freud está enmarcada en el estudio de la represión dentro de la estructura instintiva del individuo (Id, Ego, y Superego), una estructura instintiva que se edifica en torno al antagonismo entre la libido y la autoconservación, y está determinada por una lucha entre la vida (eros) y la muerte (tánatos), una lucha que se va a suscribir como una relación conflictiva entre la agresividad y el placer.

---

[1] Es mencionado de esta manera intencionalmente: cuando se habla de producto artístico se habla de una transmutación de la obra de arte en mercancía, en el momento que la obra de arte es vista como un producto del mercado se vuelve un simple adorno y pierde su carácter desublimador y consecuentemente liberador.

En el id residen los instintos sexuales, solo se enfoca en la satisfacción de sus necesidades instintivas de acuerdo con el principio de placer; el ego tiene la tarea de mediar entre el id y el mundo exterior y reducir lo más posible el conflicto entre ambos. En esta dualidad se origina el conflicto entre el principio de placer y el principio de realidad.

El id dirige todos sus esfuerzos a la satisfacción de los apetitos de las pulsiones; así, Freud, denomina Principio de Placer a ese afán por obtener placer y evitar el dolor. Para Freud la realización de todos los apetitos demandados por el id haría imposible la vida, a entender la vida social, civilizada del sujeto. Entonces, es necesaria la introducción de un principio del ego en el que intervienen procesos mentales secundarios como el lenguaje, la memoria y la razón, que tienen como objetivo relegar o sustituir los apetitos en función de las presiones de la realidad, haciendo que el ego entre en contacto con la misma y haga efectiva la realización de un deseo y hace posible la adaptación del sujeto al mundo exterior. A este principio lo llamó el Principio de Realidad.

Para Marcuse, Freud no considera que el mundo en el que se desarrolla el principio de realidad es un mundo sociohistórico, por lo tanto, busca diferenciarse conceptualmente de termino psicoanalítico definiéndolo de la siguiente forma: "principio de actuación:

forma histórica prevaleciente del principio de realidad" (Marcuse, 1983, pág. 48).

Sin embargo, es importante saber que en el sistema freudiano el principio de realidad es afirmado por el superego a través de su codificación moral: la historia de la evolución psíquica del hombre va de la mano con la historia de la evolución biológica y a su vez con la historia de la evolución social, es decir, el desarrollo de la civilización contiene un impacto prominente en la constitución de la estructura de la personalidad. Por esta razón la investigación se mantiene apegada al término freudiano, al considerar innecesario un esfuerzo por completar una idea que parece basta.

Continuando con el desarrollo competente a esta investigación, el principio de realidad es una creación del ego. "el ego destrona al principio de placer [...] y lo sustituye por el principio de realidad, que ofrece mayor seguridad y más amplias posibilidades de éxito" (Marcuse, 1983, pág. 44); es decir transforma las formas de gratificación requeridas por el id y otorgadas por el desplazado principio de placer. Sin embargo, se mantiene en la memoria instintiva un impulso por recuperar esa gratificación placentera por lo que el principio de realidad es predominantemente hostil. El desarrollo del ego origina al superego a través de la relación de los niños con las instituciones sociales, es decir que el superego es producto de la civilización.

"El ego desarrolla represiones al servicio del superego [...] llegan a ser pronto inconscientes, así que una gran parte del sentido de culpa queda inconsciente" (Marcuse, 1983, pág. 45). El superego afirma el principio de realidad a través de su estructura moral, sin embargo, se aferra al pasado y evita la revelación el presente por considerarlo primitivo.

El desarrollo evolutivo de esta estructura de la personalidad del hombre va de la mano con el desarrollo histórico de la civilización, lo que ha permitido la instauración de la represión en la estructura mental del hombre; "precisamente porque toda la civilización ha sido dominación organizada, el desarrollo histórico asume la dignidad y la necesidad de un desarrollo biológico universal" (Marcuse, 1983, pág. 47).

De esta manera la instauración del principio de realidad en la estructura mental distancia al individuo de la gratificación inmediata de la satisfacción instintiva, otorgándole diversas formas de gratificación que más bien son narcotizantes para el id. El salario al final de un mes de trabajo, la obtención de productos comercializados a través de la publicidad, un ascenso en el trabajo o una buena calificación, son solo algunas de las formas en las que el principio de realidad logra mantener reprimido al id a través de la contención del ego.

Pero el ego que lucha en dos frentes de batalla, a saber en contra del id y en contra de la realidad hostil, tiene la necesidad de desarrollar mecanismos de defensa y entre ellos consigue el más avanzado en la sublimación; en ella el individuo se hace creador a través del arte y de la intelectualidad. La pulsión libidinal es utilizada por eros para lograr una gratificación excedente que matice los desgarros de la civilización.

El arte es, entonces, una forma de sublimación[2] en la teoría freudiana y de desublimación en el planteamiento marcusiano. "El carácter afirmativo del arte posee todavía otra fuente: el compromiso del arte con eros, la profunda afirmación de los impulsos vitales en su lucha contra la represión instintiva y social" (Marcuse, 2007, pág. 64).

La causa por la que Marcuse hace la distinción es que la sublimación, planteada desde la concepción freudiana, va a implicar un proceso de represión excesiva, dolorosa de la libido y del principio de placer, en el que el hombre va a dirigir todas sus pulsiones a la producción en busca de una gratificación cualificable de miserable de sus apetencias. Por otro lado, en la desublimación (Marcuse) no es reprimida la energía libidinal para ser desviada, sino que es proyectada en la

---

[2] Es un mecanismo de defensa del ego que dirige la energía psíquica de un deseo o representación inaceptable hacia actividades no censuradas por su superego.

creación intelectual, artística, científica y tecnológica para la gratificación del eros narcisista, lo que va a implicar el establecimiento de una relación dialéctica entre el sujeto y el objeto de placer.

Así, oponiéndose a la sociedad dada y a la estructura civilizatoria en esencia represiva, el arte se presenta como una ruta de liberación instintiva, "revela dimensiones reprimidas de la realidad", el arte permite crear un mundo verdadero, un mundo real en las fauces de la ficción. La configuración del arte va a constituirse a partir de la dialéctica de lo bello entre la consolación y el dolor, esto es entre la afirmación del eros y su negación. Esta es la verdad plasmada en el arte.

La realidad se manifiesta de una forma distinta a la realidad dada: "El mundo aventurado por el arte no coincide nunca ni en ninguna parte con el mundo dado en la realidad cotidiana, pero tampoco constituye un mundo de mera fantasía e ilusión" (Marcuse, 2007, pág. 97). De esta forma, el mundo creado por el arte no es ilusión en la medida de la irrealidad, es decir no es menos real en tanto ilusión, sino que es ilusión porque no tiene una correspondencia en la realidad establecida, lo que va a implicar *per se* que como mundo ilusorio va a contener mayor verdad que la que posee el mundo real determinado. En otras palabras, para que la verdad obre en el arte, la obra no debe ser una reproducción exacta del mundo real.

En esta relación del mundo ilusorio del arte con la realidad establecida y con la realidad creada, la desublimación le va a dar al artista el poder de revelar la verdad subyacente y oculta el conflicto estructural de la personalidad del individuo y, una vez consumada la obra de arte, le va a dar al espectador la posibilidad de desprenderse del mundo objetivo a un mundo verdadero a través de la experiencia estética. Así, el arte tiene el encargo de enaltecer el principio de placer sobre el principio de realidad.

LA EXPERIENCIA ESTÉTICA

A partir del siglo XX la idea de belleza y de arte han sido tratadas desde los efectos psíquicos que producen en el hombre, es decir que la mayoría de los trabajos publicados tienden a la visión psicológica del arte. Sin embargo, la idea de la experiencia estética o sensación no es originaria de este siglo. Durante la historia de la filosofía ha estado presente, y en otros casos latente, la idea de belleza y de arte; esto envuelve la importancia que los problemas estéticos tienen para el pensamiento occidental, así se le fue otorgando categoría de "estético" a algunas emociones, sensaciones, percepciones, entre otras manifestaciones psicológicas a los efectos producidos por la belleza y el arte en el hombre.

Es menester desarrollar una descripción general de la experiencia estética antes de incursionar en la deconstrucción propuesta. Para esta empresa se tomará como fuente bibliográfica la descripción fenomenológica que realiza Plazaola en su libro *Introducción a la Estética: Historia, Teoría, Textos*, una descripción que parte de la idea de que todos tenemos algo que decir sobre las sensaciones producidas al contemplar una obra de arte.

Los sentidos se configuran para producir la sensación, pero la experiencia estética no es un fenómeno orgánico. Ante lo bello el hombre tiene la conciencia de sus sensaciones casi indescriptibles, no hay un sustantivo que pueda englobar las emociones que produce el contacto con la belleza. "Ante la belleza tenemos la conciencia de que son facultades profundas de nuestro yo las que quedan colmadas y que este hecho es precisamente lo que caracteriza el placer de la belleza, discriminándolo de otros deleites sensibles" (Plazaola, 2007, pág. 284). Nadie es tan primitivo como para aceptar la teoría de que la experiencia estética es una impresión sensitiva, este planteamiento es reduccionista y burdo. Esto no quiere decir que se deba caer en una visión intelectualista que desdeñe el carácter sensorial de la experiencia estética. Lo que si es necesario reconocer es que la belleza incorpora al hombre en el campo del placer. El goce estético va a permitir diferenciar entre los placeres estéticos, dados por la contemplación de la imagen sensible (asociados al contacto con el objeto artístico) y los deleites sensuales (asociados al placer sensitivo).

Para Plazaola se contempla la corealidad, la realidad perteneciente exclusivamente al campo artístico, esto va a producir en el hombre la emoción liminar que va a contar con tres estadios: 1) la contemplación admirativa: este es el estadio de la activación sensorial en donde la obra de arte es absorbida por la conciencia a través de los sentidos; 2) la activación del yo-objetivo: en él la principal característica es la ruptura con la cotidianidad, una suerte de transportación de la conciencia; y 3) el goce estético puro: es este estadio no hay cabida para interpretaciones, evaluaciones, comprobaciones o teorías, solo hay contemplación, el gozo de la belleza es absoluto. El goce estético es por naturaleza desinteresado, el placer de contemplar lo bello y lo sublime es suficientemente satisfactorio, no persigue intereses intelectuales, porque no hay espacio para el interés, el deseo en presencia de lo bello no es posible, es posible el deseo de posesión luego de la experiencia estética.

"La fruición estética alcanza a veces momentos de gran intensidad. Es entonces cuando la contemplación merece el nombre de rapto" (Plazaola 2007, pág. 295). El rapto es un estado extático que produce en el hombre el debilitamiento de la realidad práctica, la exaltación del sentimiento de la vida y una pérdida del yo. Para el autor, en este estado extático el hombre entra en un período semejante al descrito en las experiencias religiosas. Es un momento en el que la obra de arte y el sujeto contemplativo se vuelven uno solo, la realidad se disgrega y no toca al sujeto, cuando el momento extático se disipa el sujeto entra en una fase en la que la miserable realidad lo abruma, lo absorbe y lo condena; regresar a la realidad luego de la vivencia estética es doloroso y desgarrador.

La valoración de este planteamiento está en lo que ocurre con el sujeto contemplativo al salir de su catarsis: la relación entre goce estético y razón es inminente. Luego de estos efectos ontológicos abrumadores, los residuos de la experiencia en la conciencia son casi palpables. Se dan cambios en la estructura moral del sujeto y se deja material fértil para la producción del conocimiento. La razón se da un banquete intelectual.

La comprensión de la idea de experiencia se debe proyectar con la finalidad de dar inicio al tratamiento deconstructivo. Esto tiene su clara justificación en la experiencia como un modo de acceder al conocimiento, es decir, la experiencia estética es un modo en el que el hombre accede al conocimiento por medio de la sensación. La experiencia es una "forma especial del conocimiento, que no procede del pensamiento discursivo sino de la aprehensión inmediata de algo dado" (Müller y Halder, 1976, pág. 164). La experiencia ha tenido un lugar privilegiado en la teoría del conocimiento del pensamiento filosófico, precisamente por la inmediatez de su aprehensión, por el impacto violento en la conciencia del experimentador. Y, por supuesto, a esto se refiere la experiencia estética al proceso cognoscitivo que experimenta tanto el artista como el contemplador al colocarse frente a un objeto estético, los efectos que esta tiene en sus conciencias y por supuesto en la conciencia colectiva de la sociedad a la que pertenecen.

En el siglo XVIII, la estética se comienza a abrir paso entre los problemas filosóficos de gran envergadura, uno de los principales hallazgos de este siglo es la convicción de que "las experiencias estéticas se las debemos no solo a las facultades de la percepción y del razonamiento sino además a otra: la intuición" (Tatarkiewicz, 1997, pág.357). La introducción de la idea de la intuición como causa de la experiencia estética generó en los pensadores de la época el gusto como una facultad intuitiva que permite diferenciar la belleza de lo feo.

Kant definió esta facultad como la sensación común de la estética (sensus communis aestheticus). Para Kant todo objeto artístico va a tener como cualidad producir agrado, y "lo agradable es lo que gusta a los sentidos en la sensación" (Kant, 1954, pág. 32) pero la sensación, entendida como la satisfacción percibida por todas las cosas, tiene la implicación de que la inclinación, los principios de la razón y las formas reflexivas de la intuición producen el mismo efecto sobre el sentimiento de placer. Entonces el efecto en el hombre producido por la experiencia estética no va a ser distinto del efecto producido por la experiencia moral.

Lo que diferencia la experiencia estética de la experiencia moral permanece en la forma en la que se manifiesta la sensación. En la experiencia estética la sensación se da a través de una representación objetiva de los sentidos. Son los sentidos los responsables de la declaración de agrado frente a un objeto:

> El juicio por el cual yo declaro uno objeto agradable, expresa un interés referente a este objeto, puesto que, por la sensación, este juicio excita en mí el deseo de semejantes objetos, y que en esto, por consiguiente, la satisfacción no supone un simple juicio sobre el objeto, una relación entre su existencia y mi estado, en tanto que soy afectado por este objeto (Kant, 1954, pág. 33).

Así cuando un objeto se presenta agradable a los sentidos es a causa del interés que despierta en el espectador, quien persigue el contacto con objetos semejantes que le produzcan la misma satisfacción.

Pero la satisfacción que el objeto produce no implica que el objeto sea causante de un juicio o que se instaure una relación entre él y el espectador. Por tal motivo en la experiencia estética no subyace un estado psíquico especial en el contemplador.

Esto no quiere decir que la experiencia estética no se halle en el plano mental, o que sea una propiedad del conocimiento. Más bien Kant se encargó de desarrollar unas interesantes cualidades de la experiencia estética: 1) es desinteresada, 2) no es conceptual, 3) hace referencia sólo a la forma del objeto, 4) el placer del goce está basado en la sensación, pero también en la imaginación y en el juicio, y 5) no existe una regla universal que determine que objetos gustan al hombre. "De este modo, las características de la experiencia estética son: el desinterés, el no ser conceptual, su formalismo, el estar implicada toda la mente, su necesidad (pero subjetiva), y su universalidad (pero sin reglas)" (Tatarkiewicz, 1997, pág. 361).

En esta compleja teoría sobre la experiencia estética, su naturaleza es completamente distinta de la del conocimiento, en tanto que alimenta las necesidades cognoscitivas sensuales del individuo.

Una vez más, a partir de una exhaustiva revisión de esta teoría sobre la experiencia estética surgieron los trabajos filosóficos del poeta Schiller. Al igual que su maestro partía de la idea de que la estética está referida a las formas de la representación del objeto estético, sin embargo, su planteamiento se posiciona radicalmente frente a colocación de la experiencia estética en el plano racional, frente a Kant coloca lo bello en el plano de la razón práctica, de las acciones, las cuales se ejecutan por intuición: son las emociones las afectadas en el proceso en el que el individuo se encuentra con el objeto estético, el simple hecho de la contemplación produce placer en los sentidos y al enaltecerse el placer no hay cabida para la racionalización del objeto, este simplemente genera reacciones emocionales en el hombre.

> Únicamente el arte nos asegura goces que no exigen ningún esfuerzo previo, que no cuestan ningún sacrificio, que no hace falta pagar con arrepentimientos... Procurar este placer es una meta que no puede alcanzarse sino por medios morales... Si es la meta misma la que es moral, el arte pierde todo aquello que constituye su fuerza, y aun diría su independencia, y lo que constituye su eficacia sobre todas las almas, el atractivo del placer (Schiller, 1962, pág. 362).

Así, a través del juego y del goce que proporciona el arte, la conducta moral del hombre se educa, estableciéndose una conciliación entre la belleza y el ideal político y moral: el hombre forja su conducta, es decir, su razón práctica en el contacto con el arte y el juego de la realidad y con la realidad que este plantea, entendiendo que el objetivo, el fin último de la *educación estética* no es moral, sino la felicidad. Es el placer del goce estético el que va a conducir a la moral y de esta manera generar la felicidad en el hombre. Cabe considerar que el goce estético solo puede ser producido por el arte en objetos bellos, ya que solo la belleza conduce a la educación moral del hombre.

Este es el primer planteamiento transformador de la realidad social y moral a través de la experiencia estética posterior al nacimiento del término. Por supuesto, está inmersa en la teoría de la contemplación fruto de la ilustración. En este caso el valor de la experiencia estética va a estar supeditada a la cantidad de placer liberado, esto va a implicar que la moral no se construye desde el deber ser sino desde la libertad. Entonces el hombre bueno es un hombre que actúa dentro de la moral libremente.

Por un lado, la felicidad, que es el fin último de toda acción humana, se va a desarrollar dentro de la moral a partir de la libertad que se educa en la estética.

Por otro lado, para Hegel, amante de las artes plásticas, la insatisfacción es la virtud fundamental en el hombre, por la que evita atribuir cualquier cualidad de perfección al mundo que lo rodea. En el arte encuentra la perfectibilidad del mundo sensible y de sí mismo: "El espíritu, que se conoce, disuelve las formas sensibles. Entonces, el arte expira en una forma más elevada, la del pensamiento puro. El arte tiene como fin último entonces, la libertad del espíritu." (Bayer, 1980, pág. 323).

Es menester resaltar que Hegel no tiene una teoría o un concepto de la experiencia estética desarrollada, más bien trata la estética desde su visión historicista del pensamiento filosófico, lo cual no significa que su sistema filosófico no contenga en sí mismo una estructuración de la relación sujeto- objeto artístico.

Esta relación se establece no desde la contemplación sino desde la creación, la experiencia liberadora del contacto con el objeto artístico se da en el artista que perfecciona la belleza de la naturaleza volviéndose creador. El Espíritu Absoluto se libera en el artista a través de sus representaciones del mundo real.

En tanto que la belleza no se cosifica en el mundo sensible y proviene del espíritu absoluto, es el espíritu absoluto sensibilizado, es una forma de acceder a la verdad, la insondable realidad de las cosas. Así el placer creador del artista se va a constituir en una forma de acceder al conocimiento del espíritu absoluto manifiesto en el objeto artístico creado.

De esta manera el pensamiento estético de los tres autores antes trabajados va a conformarse como el abono del pensamiento estético posterior. La idea experiencia estética se convirtió en uno de los constructos fundamentales de la estética contemporánea, bien sea para desarrollar una teoría de esta o para incorporar a las fauces del conocimiento un aporte para su conceptualización.

Marcuse, se encargó de esta idea identificando sus efectos objetivos en el hombre creador y contemplativo: la nueva sensibilidad, materializa la desublimación de la agresividad excedente y la culpa ocasionada por la represión libidinal, tornándose configuradora de un nuevo nivel de vida reformado a escala social. La nueva sensibilidad se equipara, entonces, al resultado de la experiencia estética. "La nueva sensibilidad se ha transformado entonces en un factor político" (Marcuse, 1969, pág. 30).

En la creación y la contemplación del arte como elemento de liberación sexual y política per se, se afirman los instintos de vida sobre los instintos de muerte, se está hablando aquí de la liberación del eros, por lo que el hombre desarrolla sus habilidades no solo para crear arte sino también ciencia y tecnología: "Aparecería así un nuevo principio de realidad bajo el que se combinaría una nueva sensibilidad y una inteligencia científica desublimada para la creación de un ethos estético" (Marcuse, 1969, pág. 31).

Este ethos estético, para Marcuse, abarca ambas connotaciones de la palabra estética, la primera referente a los sentidos (αἰσθητικός) y la segunda referente al arte (aesthetica), esto permite caracterizar los procesos productivos- creativos en una sociedad libre, en la que la sensibilidad subjetiva adopte una forma objetiva y proyecte el desarrollo propio del individuo en el desarrollo de la sociedad a la que pertenece.

De esta forma la nueva sensibilidad, se vuelve fáctica, se traduce en praxis, resulta en un mundo en el que la sensualidad, el juego, lo bello se conviertan en modos de existencia humana y, consecuentemente, en modo social. Marcuse utiliza el mito de Medusa para representar como "la belleza tiene el poder de controlar la agresión: controla e inmoviliza al agresor" (Marcuse, 1969, pág. 33).

La nueva sensibilidad contiene en sus haberes una carga moral, no una moral impregnada de la kaloskagathia griega como la moral estética kantiana, shilleriana o la hegeliana, que termina en volverse para el hombre una verdadera carga, sino una moral de la libertad, una moral que va a concebir la libertad como una necesidad biológica primaria como lo pueden ser la alimentación y el sexo.

Precisamente, el arte contiene el poder de la reconciliación del hombre con la moral y con el conocimiento. De esta manera una sociedad construida a partir de la libertad y de la afirmación del instinto de vida es una sociedad ganada para la producción, no solo artística sino también intelectual, científica y tecnológica.

Para Marcuse la experiencia estética no se encuentra solo en el plano de la contemplación, perdería su razón de ser, en tanto que la purificación a través de la realidad manifiesta en el objeto artístico contemplado es ilusoria, falsa, ficticia (Marcuse, 1969, pág. 49), la catarsis no es real pues el miedo, la frustración y la represión libidinal permanecen intactos en la estructura psíquica del hombre y continúan proyectándose en su vida social. El hombre requiere de la creación para tener una vivencia estética completa, verdadera, real; la creación es el mecanismo de liberación de la conciencia, que termina por ser el fin último de la experiencia estética. Lo evidente a lo largo de este desarrollo es que el arte no solo es bello en tanto placentero a los sentidos, sino que también es bello en tanto formador de la moral, transformador de conciencias y de realidades materiales de los hombres.

Capítulo II

El arte y Eros

De modo que además del Eros había un instinto de muerte
[Tánatos]; los fenómenos vitales podrían ser explicados
por la interacción y el antagonismo de ambos.

FREUD

En su trabajo *Más Allá del Principio de Placer*, Freud, hace una modificación de su teoría de los instintos partiendo de reflexiones más de orden filosófico que psicológico, así eros y tánatos se configuran como dos fuerzas instintivas que determinan el curso de las actividades y apetitos de todo sujeto.

Eros o instinto de vida, es la disposición que tiene el sujeto para mantener la propia unidad psíquica y física, así como la unión con otros sujetos, es decir unidades mayores de afectividad y de contacto social. Antagónicamente, tánatos o instinto de muerte, es el afán de destrucción; es la disposición del sujeto a quebrar o a reducir al mínimo esas unidades, es la búsqueda por volver a un estado inanimado, es un apetito de pasividad, de separación; persigue el cese de toda estimulación. El tánatos va a enaltecer un tercer principio que es el Principio de Nirvana[3], el cuál va a implicar unas características psíquicas de orden patológico. El tánatos como potente creador del arte, pareciera ser un absurdo, sin embargo, Marcuse entiende que el tánatos tiene el poder de poner en tela de juicio la organización institucional y la civilización.

La relación entre el arte y eros queda demostrada en el capítulo anterior. El arte tiene la tarea de afirmar los instintos de vida frente a la represión libidinal: "El carácter afirmativo del arte posee todavía otra fuente; el compromiso del arte con eros, la profunda afirmación de los impulsos vitales en su lucha contra la represión instintiva y social" (Marcuse, 2007, pág. 64). El arte posee en sus haberes el poder libertador de la catarsis, la cual se logra a través de la afirmación del eros, incluyendo el arte que se posiciona desde la negación de la vida, el anti- arte, afirma el eros como energía creadora que se deduce de la exaltación del tánatos.

El eros, manifiesto desde su negación, entonces, aun siendo artífice de la civilización, es debilitado por

---

[3] El Principio de Nirvana es la tendencia de la psique a reducir o a eliminar toda excitación interna o externa, en el que se establece una relación entre el placer y la aniquilación. La supremacía de este principio contiene características patológicas como el sadismo, el masoquismo, el suicidio, la psicosis sociopática, entre otros.

el arte a través de la desublimación, desatando impulsos destructivos y debilitando a la misma civilización. Es decir, el arte afirmando o negando la vida, logra debilitar la estructura represiva avanzada que busca suprimir al id: "La obra de arte habla un lenguaje liberador, evoca imágenes liberadoras de la subordinación de la muerte y la destrucción a la voluntad de vivir. Este es el elemento emancipatorio en la afirmación estética" (Marcuse, 2007, pág. 103).

La inspiración que lleva al hombre a inclinarse por el eros o por el tánatos objetivado en el arte no es más que la búsqueda de la fruición estética. En algunos casos se piensa que el objeto estético que favorece a la experiencia estética como fuente de transformación de la conciencia es el objeto bello, el que evoca la pasión, el que impresiona los sentidos desde la simpatía; en otros casos que la obra de arte capaz de despertar conciencias es la obra de arte que impresiona desde la repugnancia. El primero es la obra de arte en la que el ros se afirma, el segundo representa la afirmación del tánatos.

A través de este mecanismo desatado en la estructura de la personalidad se visualiza la reconciliación del individuo con la sociedad, del id con el mundo exterior, a pesar de que esta armonía puede ser mancillada por el principio de realidad, la fantasía del arte insiste en posicionarse como real, en afirmarse como una episteme, es decir, la necesidad de conocer en el individuo nace de una explosión erótica frente a la sabiduría, el arte como mecanismo de liberación de la energía erótica se vuelve conocimiento.

Todo contacto del hombre con el conocimiento inicia en eros. La energía erótica es la responsable de la búsqueda incansable del conocimiento. Sin embargo, la tradición filosófica occidental ha abierto una brecha desconsoladora entre la razón y la estética. Pareciera que cada una responde a categorías antagónicas presentes en el hombre y que, aunado a esto, su posición frente a éstas es lo que los va a clasificar entre los mejores y los peores; es decir, los mejores hombres son los hombres de la razón, del conocimiento, de la ciencia y del logos; y los peores son los de las pasiones, la sensualidad y la sexualidad, o sea los del arte.

La modernidad instauró un sistema del pensamiento marcado por normas que fueron categorizadas como incuestionables. Este paradigma, hegemonizó la razón como única cualidad humana valorable. De esta manera el sujeto racional, es el ideal humano por alcanzar, es el que garantiza el progreso y el bienestar, en tanto individuo poseedor de conocimiento y gozador de la moral. La influencia cartesiana y de la ilustración en las esferas epistemológicas hubieron sido avasallantes para toda la filosofía precedente.

Esta concepción de hombre impuso en la civilización una visión unidimensional del hombre, en términos marcusianos, sesgando las múltiples dimensiones que arropan la vida humana. Una de las dimensiones más maltratadas del hombre por la civilización es el arte. La producción artística hubo sufrido grandes desprecios de parte de las instituciones represivas objetivadas en las sociedades marxistas ortodoxas y en las sociedades industriales avanzadas.

ORFEO Y NARCISO

Para Marcuse la razón categorizada por la filosofía y por medio de la cual ha pasado la existencia humana es la racionalidad del principio de realidad, por lo que existe una conexión tajante entre la razón y la supresión instintiva.

La historia de la filosofía ha colocado todo aquello que tiene cabida en la esfera de la sensualidad y el placer como ideas antagónicas a la razón, estableciéndolas como actos y pensamientos que deben ser suprimidos, más bien aniquilados en aras de la sabiduría. "la difamación del principio de placer ha demostrado su poder irresistible" (Marcuse, 1983, pág. 151).

Pero en el pensamiento filosófico la imaginación contiene en su ser verdad, una verdad que no puede ser contenida en el plano de la razón, en tanto que la razón viviente en el principio de realidad no la puede soportar, aun así, teniendo la tarea de pensarla.

A pesar de que la cultura subyacente en el principio de realidad sostiene el arte como forma sublimada "se inclina ante las extrañas verdades que la imaginación mantiene vivas en el arte popular" (Marcuse, 1983, pág. 152), hay un esfuerzo civilizatorio por execrar de estas verdades cualquier correspondencia con el principio de realidad. Así evoca a unos héroes culturales que van a representar los valores que la sociedad supresora reconoce como válidos para sostener el principio de realidad:

> En este campo según nos encontramos con el hecho de que el héroe cultural predominante es el embaucador y (sufriente) rebelde contra los dioses, que crea la cultura al precio del dolor perpetuo. Simboliza la productividad, el incesante esfuerzo por dominar la vida; pero en su productividad, la bendición y la maldición, el progreso y la fatiga están inextricablemente mezclados" (Marcuse, 1983, pág. 153).

El ideal heroico es el hombre productivo, represado y represivo y, en consecuencia, aquellos personajes que históricamente exaltan el principio de placer como algo real son condenados por el mundo occidental.

El arquetipo del principio de realidad es el héroe Prometeo demarcando la sexualidad y el placer como

48

una maldición que proviene de las cataratas femeninas inmorales del relato de Pandora. "Si Prometeo es el héroe cultural del esfuerzo y la fatiga, la productividad y el progreso a través de la represión, los símbolos de otro principio de la realidad deben ser buscados en el polo opuesto" (Marcuse, 1983. Pág. 153). Esos antihéroes, estos símbolos del principio de placer son Orfeo y Narciso, como Dionisos se enfrentan a la lógica de la razón y se entregan a los placeres de la vida y la muerte. Son imágenes civilizatorias que invitan a reflexionar sobre el llamado de la vida para admirar la belleza, el cual no puede ser rechazado y, también, educan en la psique humana la certeza de que no se puede vencer a la muerte. Estas imágenes, representan el establecimiento de una relación existencial con la realidad.

Orfeo[4] y Narciso[5] se emparentan como una realidad alternativa, como la realidad existente en el arte. Ninguno es un héroe cultural de la civilización occidental porque su imagen es la imagen de la gratificación: "la voz que no ordena, sino que canta; el gesto que ofrece

---

[4]   EL padre de los cantos e inventor de la cítara. Su música era capaz de calmar a las bestias, mover árboles y piedras y detener los ríos. Muere solo al no poder salvar a su amada Eurídice del Tártaro.

[5]   Se enamora de sí mismo; al ver su imagen proyectada enloquece de admiración y deseo, persigue la posesión de su amado sin saber que admiraba su propia imagen, muere de dolor y tristeza al no alcanzar su meta.

y recibe; el acto que trae la paz y concluye el trabajo de conquistar; la liberación del tiempo que une al hombre con dios, al hombre con la naturaleza" (Marcuse, 1983, pág. 153).

En estas imágenes literarias hay un principio estético, que reconcilia a eros y a tánatos, un principio en el que se crea un ordenen donde la gratificación libera al eros.

Una vez más el tánatos en su materialización más pura, poética, exalta la vida, la vida que exhorta la admiración de la belleza, pero no solo de la belleza de la naturaleza, sino también busca la admiración de la belleza del arte. Un tánatos que se afirma a sí mismo recordándole al hombre que no puede negarse a aceptar el llamado de la vida a auto admirarse, tanto como no puede ganarle la carrera a la muerte.

En la producción artística el eros órfico y narcisista desatan el poder de una realidad erótica, el eros gratificado que une al hombre con la naturaleza se objetiviza en una obra de arte, la desublimación logra su cometido liberador de una libido contenida.

Aquí el eros narcisista no es entendido como un síntoma neurótico, sino más bien como un elemento coexistente del ego con la realidad instaurada: "El narcisismo primario es algo más que autoerotismo; abarca el ambiente integrando el ego narcisista con el mundo objetivo" (Marcuse, 1983, pág. 158). Entonces, para Marcuse, el ego narcisista que libera al eros creador en forma de obra de arte categoriza un distinto principio de realidad, el principio de realidad puede ser transformado a través del eros narcisista.

Entonces, si el eros órfico y el eros narcisista logran desatar el poder de la desublimación libidinal para enaltecer la gratificación en el principio de placer y de esta manera transformar la realidad objetiva y reconstruir el principio de realidad, ¿el arte puede transformar el orden mundial? La respuesta inmediata contenida en la obra de Marcuse indica que no, puesto que el arte solo logra transformar los mecanismos estructurales de la personalidad en el que el individuo se relaciona con el mundo exterior, es decir el arte logra transformar la conciencia de los individuos: "El arte no puede cambiar el mundo, pero puede contribuir a transformar la conciencia y los impulsos de los hombres y mujeres capaces de cambiarlo" (Marcuse, 2007, pág. 80).

LA TRANSFORMACIÓN DE LA SEXUALIDAD EN EROS

El pensamiento filosófico tradicional colocó la imaginación como un elemento conciliador entre la razón y la praxis. Esto posicionó al arte fuera de las estructuras sociales, es decir, en contraste y en conflicto con las instituciones establecidas; en conflicto porque el arte es fundamentalmente revolucionario. Al representar la realidad tal y como es, sienta en el estrado el orden social y amenaza al status quo.

La liberación instintiva va a implicar una modificación en el sistema de valores civilizatorios. En el desarrollo de esta idea se va a poner en evidencia el contenido político y social del psicoanálisis freudiano. La mayor crítica que se le ha hecho a las propuestas emanadas del pensamiento freudiano ligadas al marxismo es que una sociedad sexualmente liberada, sin los controles del Estado, que de más está decir que son represivos, es una sociedad condenada al libertinaje sexual, a la promiscuidad y a la depredación del hombre por el hombre, incluso vaticinan la extinción de la especie humana.

Estas críticas tienen unas repuestas inmediatas, que luego podrán ser profundizadas: 1) la sexualidad para el psicoanálisis no está localizada en los genitales: la sexualidad es energía en términos cuánticos, a esta energía Freud la llamó pulsión; entonces todo contacto del hombre con su yo y con los otros se da a través de la pulsión, es decir contiene una carga libidinal y, consecuentemente, el placer sexual no está asociado necesariamente al placer obtenido por el contacto genital de las relaciones sexuales. Por otro lado, la objetivación del otro, que es el principal rasgo de la promiscuidad, se da es en el estado de represión

libidinal, en una sociedad libre la objetivación del objeto de placer se haría innecesaria. Esta crítica, entonces,
es fundamentalmentereduccionista; 2)El hombre como depredador de sí mismo es una teoría política que
justifica los dispositivos represivos avanzados del Estado, es decir las tiranías socialistas y las democracias
devastadoras, en el que principalmente no se garantiza
la no-depredación del otro, se garantiza el castigo a los
depredadores y su suficiencia para satisfacer las necesidades de venganza de las víctimas, lo cual afirma aún
más el instinto de muerte, y, en segundo lugar, las sociedades menos coercitivas tienden a tener menos
motivos para castigarse entre ellos.

> Bajo estas condiciones la posibilidad de una civiliza-
> ción no represiva es predicha no sobre la detención,
> sino sobre la liberación del progreso; así que el hombre
> ordenaría su vida de acuerdo con su conocimiento
> totalmente desarrollado, de tal manera que podría pre-
> guntarse otra vez lo que es bueno y lo que es malo"
> (Marcuse, 1982, pág. 184).

La transformación de la sexualidad en eros, que
solo se puede dar a partir de la eliminación de la represión excedente, puede desplegar la *razón libidinal*
que se manifiesta en la praxis de los individuos en sociedad promoviendo una libertad civilizada; incluso
para Marcuse el orden no represivo es exitoso solo si
la dinámica de los instintos sexuales en condiciones

ambientales diferentes pueden generar relaciones eróticas duraderas en los individuos maduros de la sociedad, es decir, la sociedad represiva distintiva y promulgadora de la monogamia no es fiadora de relaciones de este tipo, es solo en la extensión de la libertad sexual en donde se pueden materializar este prototipo de relaciones. A este proceso Marcuse lo denomina autosublimación de la sexualidad e implica que se pueden desarrollar relaciones humanas civilizadas sin que la sexualidad esté sujeta a la represión instintiva que la civilización dominante ha impuesto sobre los individuos.

La energía libidinal excedente que resulta de la represión instintiva civilizatoria va a ser dirigida a los medios de producción, es decir al trabajo. El principio de realidad es antagónico a la liberación de la sexualidad, puesto que la represión de la sexualidad es el germen para relaciones laborales frustrantes al tiempo que relaciones de consumo neurotizadas. El tánatos, como instinto de muerte, se afirma y se arraiga en el Superego, castrador, constituyendo una moral desde la perspectiva del cómo me es permitido comportarme para no hacer enojar a las instituciones y no desde la libre *razón libidinal* del hombre.

El instinto de vida, el eros, es un instinto biológico, "significa un aumento cuantitativo y cualitativo de la sexualidad" (Marcuse, 1982, pág. 189). La sublimación freudiana, es una sublimación inserta en el principio de realidad, una sublimación que parte de la domesticación instintiva, dolorosa, que coloca al amor como única fuente fundamental de las relaciones eróticas duraderas. En cambio, Marcuse entendiendo que eros puede tomar el camino de la autosublimación como promotora de la transformación cultural, suscita la comprensión del cuerpo como un instrumento de autorealización y no de trabajo enajenado, esto es, abre paso a la sexualidad narcisista como constructora de cultura.

Entonces, el orden social correcto es el erótico, la cultura es construida por una sublimación no represiva, la sexualidad trasciende y alcanza gratificaciones más completas. Así, se establece una relación dialéctica entre el impulso biológico y el impulso cultural. La transformación de la sexualidad en eros va a suponer una reorganización de la división social del trabajo en formas más complejas en tanto la transformación institucional y consecuentemente del aparato industrial.

El orden social erótico va a permitir al hombre explorarse desde la estética. La represión sexual, que es conexa con la represión social, va a requerir un tratamiento desde sublimaciones de carácter no represivo. No se trata solamente de que el hombre se libere de las represiones excedentes, se trata realmente de liberar la sexualidad. Ese momento en la que la sexualidad se libera, es el nacimiento de eros.

CAPÍTULO III

La dimensión estética

La ligera narcosis en que nos sumerge el arte.

FREUD

La esfera reflexiva de este aparte continúa siendo la estética. Sin embargo, las ideas que aquí se desarrollan están enmarcadas en el impacto sociopolítico que esta tiene. "El vínculo estrecho entre estética y política es patente en la mayoría de los desarrollos teóricos de la llamada Primera Generación de la Escuela de Frankfurt, pero adquiere en la figura de Marcuse una fuerza aún mayor." (Conti, 2012, pág. 12). El sistema filosófico marcusiano, que parte de la crítica de la cultura y de la civilización industrializada avanzada, logra colocar la represión internalizada como el centro de la problemática del estudio del hombre, la libertad se plantea como un imposible, más que como una utopía, en tanto la instauración de la normalización de la represión en la psique colectiva humana.

El interés de Marcuse por la estética no es caprichoso. Por un lado, su impulso fenomenológico heideggeriano[6], que lo llevó a tratar y a comprender al hombre como un estar en el mundo, enfocado desde la realidad social y por otro lado su teoría de la represión que permitió engranar en el psicoanálisis freudiano las facultades de la historicidad y de la estructura de clases marxiana.

El eros, más que represado esclavizado, auto-despoja al hombre de recursos intelectuales, éticos, sociales, culturales y materiales; auto-despoja en tanto que este hombre entrega su conciencia, su vida y su esfuerzo erótico a sus esclavizadores, frente a quienes se planta como un hombre libre, reducido a la verdad que lo azota y lo desgarra sin dolor, una realidad que no lo hace saber que se cree libre.

Esta comprensión del hombre; desde la represión excedente de las sociedades opresoras inscriptas en el Marxismo Soviético y en la Sociedad Industrial Avanzada; y la crítica al dogma partidista que elimina toda posibilidad de liberación que no sea desde la praxis política radical, Marcuse plantea la necesidad de un plano en el que las condiciones psíquicas estén planteadas para una verdadera liberación, y esta liberación se va a dar desde la perspectiva de la representación de

---

[6] Martin Heidegger fue su tutor de Tesis para la Vena Docendi, que dio origen a su primer libro *La Obra Sobre la Ontología de Hegel y el Fundamento de una Teoría de la Historicidad.*

la verdad. Y este plano no puede ser otro que la Dimensión Estética, comprendiendo que el análisis del arte que realiza en su libro *La Dimensión Estética, Crítica de la Ortodoxia Marxista*, es desde la literatura, en especial la literatura de los siglos XVIII y XIX.

DECONSTRUCCIÓN DE LA DIMENSIÓN ESTÉTICA

La teoría estética marcusiana parte del refinamiento de las propuestas de Kant, Schiller y Heidegger, observando que anuncian "las posibilidades de ruptura con el mundo tal como está dado en el presente, pero dejan sin explicar cuál es la característica de los objetos estéticos que les permite iniciar el movimiento de apertura hacia nuevas posibilidades." (Conti, 2012, pág. 12). Por su puesto, que la influencia que recibió del pensamiento de Marx y de Freud lo hacen guiar sus trabajos sobre estética en dirección muy diferente de la de sus predecesores teóricos.

Para Kant, la experiencia estética va a permitir la conciliación entre las facultades del hombre, a saber, la imaginación, el intelecto y la sensibilidad. La dimensión estética es, entonces el punto de flexión en el que el hombre merma sus capacidades racionales para entrar en contacto con un objeto cualquiera que le sea bello y lo considere agradable, y en un nivel aún mayor en el que entra en contacto con lo sublime y *pierde sus facultades vitales*, para luego enaltecerlas. Lo sublime no es más que una representación de la razón en pugna con la imaginación, en donde la imaginación termina desbordándose gracias a ella.

> Un juicio del gusto no es, pues, puro más que a condición de que ninguna satisfacción empírica se mezcle en el motivo del mismo; pues es lo que ocurre siempre cuando el atractivo o la emoción tienen alguna parte en el juicio, por el que una cosa se declara bella (Kant, 1954, pág. 42).

Justamente, la dimensión estética no tiene en sus facultades nada más que la satisfacción percibida ante lo bello o el éxtasis producido por lo sublime. El juicio del gusto, que es por medio del cual se dice que una cosa es bella o no lo es, tiene por causa única el objeto bello. En este plano la experiencia estética se da independientemente de las características del sujeto contemplativo, es el objeto quien contiene las categorías que van a producir la experiencia, por lo tanto, los objetos bellos como los objetos sublimes son universalmente bellos y universalmente sublimes, independientemente del sujeto que los observe. Si esto opera de esta manera, entones no hay modificaciones sustanciales en la conciencia de los sujetos, como si ocurre en Schiller. El objeto estético es simplemente eso, un objeto, que por demás es cualquier objeto, sea artístico o no.

Por su lado Schiller, como ya se ha desarrollado en capítulos anteriores, plantea una formación moral desde la formación estética. Perpetrando una minuciosa comparación entre el sujeto moderno y el ideal de sujeto de la Grecia antigua demuestra como la ruptura con la estructura de la naturaleza humana ha resquebrajado el orden moral del hombre hasta llevarlo a un individualismo exacerbado. "Schiller resalta el sello de la fragmentación tan presente en la modernidad y su repercusión en la naturaleza individualista del sujeto moderno" (Conti, 2011, pág. 7). Hay una necesidad ya formalizada dentro de la filosofía de pensar los problemas sociales que se presentan al pensar al hombre desde el individualismo solipsista de la ilustración y conducirlo de esta manera.

Esto es el resultado del culto a la razón, la reducción cartesiana del hombre a cosa pensante, las teorías filosóficas que piensan al hombre desde sus facultades intelectivas, destrozan las posibilidades de libertad y, consecuentemente, de felicidad. Para Schiller y para los románticos es un peligro para la historia del pensamiento desdeñar la naturaleza para enaltecer el entendimiento. El camino para acceder realmente al conocimiento, al entendimiento y a la razón es la sensación, es la estética. "El refugio y esperanza de los románticos se encontraba en el arte, ámbito en el que descubrían el germen de la reconstrucción de la armonía perdida." (Conti, 2011, pág. 8). La estética lograría presentarle al hombre el mundo tal y como es, sin divinizaciones o mitificaciones, el arte plasmaría en el objeto artístico la verdad dada, la verdad de las cosas. El resultado de esto es el acceso a la razón. La razón pura incorporaría a la sensación y esto va a tener sus repercusiones en la razón práctica.

En tal sentido, para él la solución no es otra que la educación estética, porque en la dimensión estética el hombre puede enlazar las facultades humanas desgarradas por la modernidad. Así la sensibilidad plantea una reconciliación entre arte y razón. El sistema racional kantiano se ve alimentado por la sensación, una razón y una moral que recuperan la sensación como fuente de construcción de sus máximas, como bandera de elaboración de sus pensamientos, de interpretación de sus verdades.

Durante la primera mitad del siglo XX, Heidegger escribe su ensayo *El Origen de la Obra de Arte*, en él plantea que desde la cotidianidad la obra de arte no es más que una cosa, un cuadro colgado de la pared, una estatua que demarca el centro de la plaza. Sin embargo lo que difiere el ser- cosa del ser- obra, es la experiencia estética que produce en el contemplador. Una obra de arte es obra de arte en la medida que es contemplada, que es admirada y que produce diversas sensaciones en la conciencia de quien la contempla, en la que cumple con su cualidad de ser alegoría, símbolo.

El arte es una manifestación del Ser, el Ser se cosifica en la realidad a través del artista para que el contemplador le vislumbre. "[…] hace de la belleza una manera de ser de la verdad, y la verdad la concibe como un desvelamiento del ser; la belleza es, pues, una «manifestación» de esa verdad" (Plazaola 2007, pág. 239). La belleza manifiesta en el arte es el descubrimiento de la verdad, del Ser. Heidegger deja de lado la experiencia estética y los efectos que esta promueve en el hombre. Por tal motivo, se puede afirmar que la dimensión estética está determinada por el develamiento de la verdad del Ser en la obra de arte. Su legado más próximo es el no dejar nunca de lado el carácter de ser-cosa de la obra de arte.

Por otro lado, uno de los principales objetos de estudio de los estetas ligados al pensamiento marxiano es la cosificación del arte, lo que lo lleva a convertirse en un objeto de alienación[7]. Se debe dar continuidad al recorrido sugerido a partir de esta idea: la primera característica de las sociedades capitalistas

---

[7] Es necesario aclarar, que la cosificación presente en este planteamiento no está relacionada con la idea de cosa de la obra de arte presente en Heidegger, no es el ser cosa de la obra de arte. Está, más bien, referido a la cosificación del arte como objeto mercantilizable, es decir como fuente de intercambio comercial, lo que lo hace perder sus cualidades estéticas y lo coloca en la palestra como un adorno, una cosa decorativa.

y de las sociedades socialistas reales, es la cosificación de sus elementos constitutivos, el hombre se cosifica como sujeto reducido al trabajo, el estado se cosifica como instrumento represor, la sociedad se cosifica como consumidora. Asimismo, el arte se cosifica como un instrumento de decoración de casas, de plazas, de oficinas y de museos al servicio de los intereses mercantiles, de las élites intelectuales y de la sustentación de la civilización opresora. Por tal motivo, la cosificación se instaura en la conciencia del hombre, se racionaliza y "no se detiene en la conversión de todos los objetos de necesidad en mercancías" (Conti, 2011, pág. 4).

Este es uno de los principales problemas estéticos de Marcuse: el hombre sumergido en el individualismo reproduce naturalizadamente la forma de enajenación causada por la brecha entre la razón y el placer que el pensamiento moderno obsequió a la civilización. Ante este desolador panorama, el arte promueve una realidad diferente para el hombre, una realidad en la que las emociones, las pasiones, la imaginación y la intimidad no quedan exentas del campo político, la estética entiende que las emociones son configurativas de la realidad de todo ser humano; la dimensión estética reclama la conciliación del hombre con la naturaleza, la exacerbación de una *subjetividad liberadora*.

Puesto que el hombre y la naturaleza coexiste en una sociedad no libre, sus potencialidades reprimidas deformadas solo pueden ser representadas de forma enajenada. El mundo del arte es el de otro principio de realidad, el de la enajenación (Marcuse, 2007, pág. 63).

CRÍTICA A LA ORTODOXIA MARXISTA

En su ensayo *La Dimensión Estética: Crítica a la Ortodoxia Marxista*, Marcuse, pone en tela de juicio la predominancia de la ortodoxia en la estética marxista, cuya expresión durante el Marxismo Soviético fue mancillada: "La reificación de la estética marxista deprecia y distorsiona la verdad expresada en ese universo. –minimiza la función cognitiva del arte como ideología" (Marcuse, 2007, pág. 66). Al presentarse una devaluación absurda de la subjetividad, la producción artística se desprecia por no pertenecer a la categoría de "medio de producción", es decir, la actividad artística es una actividad individual, no colectiva, responde a un procedimiento fenomenológico en el que el artista lleva los fenómenos a su conciencia, los interpreta y luego los representa, dando a luz un objeto artístico, representando una realidad diferente a la realidad dada, una realidad estética.

Este requerimiento del arte es ofensivo y hereje para los marxistas ortodoxos: ninguna actividad humana que se realice individualmente puede tener valor, ni están por encima de los esfuerzos colectivos. El aborrecimiento por la subjetividad y su elucidación como principio burgués, principalmente, condenó al marxismo a enterrar el arte.

Por otro lado, la imposición externa a la actividad creativa de enmarcarse en el realismo, de representar la realidad favorecedora a los intereses de las clases ascendentes, entendiendo como realidad las bases materiales y execrando las bases no- materiales de la existencia humana. El arte, al igual que todas las actividades humanas, debe estar al servicio del partido, de la revolución de la lucha de clases, debía mantenerse en constante alerta para mantener el statu quo de la dictadura de proletariado. Esto hizo que la actividad artística fuera mermando progresivamente, sin la actividad literaria continuó su curso con mayor intensidad que las demás artes. Lo que el marxismo ortodoxo nunca entendió es que el arte no deja de ser revolucionario por no ser producido para la revolución de parte de la clase obrera.

Freud, desde su perspectiva teórica que hace necesaria la represión instintiva para garantizar la perpetuación de la especie y el soporte de la sociedad, hace la siguiente aseveración refiriéndose a la Revolución Rusa: "Además de la necesaria limitación instintual que ya estamos dispuestos a aceptar, nos amenaza el peligro de un estado que podríamos denominar miseria psicológica de las masas" (Freud, 1984, pág. 57). La promesa de libertad del marxismo ortodoxo se convirtió en una opresión absurda de la psique subjetiva para hegemonizar la psique colectiva.

El reduccionismo marxista fue inminente; la invalidación de la conciencia individual llegó a límites casi palpables: "La teoría marxista sucumbió a la cosificación que había denunciado y combatido en la realidad social. La subjetividad se convirtió en un átomo de la objetividad; incluso en su forma rebelde queda sometida a una conciencia colectiva." (Marcuse, 1969, pág. 59). La mercantilización del arte, el dominio social y el conformismo presentes en las sociedades industriales avanzadas, se mimetizaron en nuevas formas de represión, en las que las clases oprimidas fueron fácilmente incorporadas al sistema; esto se arraigó como una forma de producción de alienación que se ignora a sí misma como tal.

Esta deformación de la teoría socialista sobre la transformación de la sociedad traiciona la promesa de una vida mejor, libre y feliz del socialismo. La sociedad marxiana debe estar en constante transformación por su propia dialéctica material, sin embargo, el socialismo ortodoxo, arrancó las raíces de la dialéctica: el arte es un elemento transformador per se, de la conciencia subjetiva, de la sociedad, de la civilización, de las relaciones existentes; despreciar el carácter afirmativo del arte es acallar la conciencia y condenar al hombre a una vida de represión e infelicidad.

LA DIMENSIÓN ESTÉTICA UNA PROMESA
DE LIBERTAD

En capítulos anteriores se ha afirmado que la dimensión estética es ese plano en donde el hombre tiene la posibilidad de liberase. Marcuse, a diferencia del marxismo ortodoxo, comprende el carácter transformador del arte como aliado de la praxis política radical. La promesa marxiana de liberación y felicidad no niega la subjetividad; niega el individualismo patente en las sociedades capitalistas como fuente de enajenación; y no la puede negar porque la libertad y la felicidad son estados vividos, materiales del sujeto. La libertad se materializa en el sujeto y se proyecta a las relaciones sociales, en trabajo des- alienado. La organización social del colectivismo exacerbado es tan perjudicial y dolorosa como la del individualismo.

Este resultado del antagonismo impuesto entre la sensualidad y la razón es superado en la producción artística. La sensualidad es el elemento constitutivo de la concienciación del sujeto. El sujeto se hace consciente de sus condicionales auto-represivos y de la represión excedente proveniente de la institucionalidad, busca romper las cadenas que atan su instinto de vida y lo privan de su felicidad.

A través de la experiencia estética, enaltecedora de una nueva sensualidad, se instaura en el hombre una nueva racionalidad: la verdad de la realidad va a ser la verdad expresada en el arte, es decir, el mundo es como lo describe el arte. En tal sentido la dimensión estética no solo va a permitir al hombre explorar su sensualidad sino establecer un modo de suscribir al conocimiento.

> La transformación radical de la sociedad implica la unión de la nueva sensualidad con una nueva racionalidad. La imaginación se transforma en productiva si se hace mediadora entre la sensibilidad por una parte, y la razón tanto teórica como práctica por la otra, y esta armonía de las facultades guía la reconstrucción de la sociedad (Marcuse, 1969, pág. 43).

De esta manera, la transformación social sería inminente: la sensualidad no tiene la necesidad de enfrentarse a la razón, la imaginación sería ese elevado que conecta y sintetiza ambos espectros, los armoniza y los reconcilia. Pareciera haber una intención de acabar el sistema kantiano de la razón: a la moral y al conocimiento kantiano les hacía falta la impresión de las emociones, de las sensaciones para completar su ciclo auto- afianzador en el hombre. En la estética están contenidos principios lógicos que son aplicables tanto a la sensualidad como a la razón. Así en la dimensión estética, el arte logra colarse en sensualidad desde la intuición para luego transfigurarse en la conceptualidad a través de la noción.

Esta ruptura con la hegemonía de la razón sobre la sensualidad repercutiría en la configuración del orden institucional. Ya el orden social no sería el del deber sino el de la belleza. La legalidad no sería la legalidad de las imposiciones del superego colectivo que diviniza la civilización opresora, sino la legalidad del *juego de la imaginación*. Se está hablando de un orden social libre con leyes libres en sí mismas.

La libertad se plantea aquí como el despliegue y el realzamiento de las potencialidades y deseos del hombre solo limitado por sus características naturales y por el tiempo. La libertad es el fin último de la belleza, solo el orden social de la belleza es el orden social compatible con la libertad. Es el orden en el que las necesidades primarias del hombre pueden estar cubiertas y en el que la producción, el producto y el trabajo no se presentan como enajenados.

La dimensión estética es el espacio del hombre en el que puede deslastrarse de las condiciones existenciales inhumanas a las que le ha sometido la civilización.

Conclusión

Para Marcuse la obra de arte como objeto bello, agradable no es más que una interpretación resulta de la cosificación del arte como producto mercantilizable, en esta acepción, el arte pierde su carácter afirmativo, los elementos característicos que lo hace ser obra de arte: la representación del mundo tal y como es y la desublimación de la represión excedente, concienciadora. El artista, por su parte, logra la desublimación a través de la ejecución artística, el eros se afirma y contradice el orden establecido.

Para recrear el párrafo anterior se puede manifestar lo siguiente: El arte es creación erótica de la realidad, una realidad que no es mimetizada, sino que el arte crea una nueva realidad que es representativa de la verdad. Es deslumbrarse por la verdad y objetivarla, el eros del artista se libera a través de la creación y el eros del contemplador se libera a través de la experiencia estética, es aquí en donde reside verdaderamente el carácter liberador del arte.

El arte es, entonces, la belleza materializándose a sí misma a través del artista en una obra de arte, que va a tener como fin en sí mismo el desarrollo intelectual, moral y sensitivo del hombre para formular un nuevo orden social, el orden de la belleza, de la libertad, de la felicidad.

El eros sublimado es de naturaleza auto- represiva: el conflicto estructural entre el id, el ego y el superego, termina por desencadenar una represión instintiva que se va a materializar en la vida social del hombre. Este desarrollo psíquico va codo a codo con el desarrollo de la civilización opresora. El eros es artífice de la civilización para soportar la agresión excedente proveniente del avasallante principio de realidad, quien despoja al principio de placer de toda acción constitutiva en la psique humana.

La experiencia estética, luego de ser entendida como la excitación sensitiva que impresiona al alma del contemplador, hubo transmutado su interpretación en la formación moral del hombre educado en la estética. Esta transformación fungió de conector para pensar una concepción más acabada en la que la experiencia estética materializada en el artista y en el contemplador va a impactar en la conciencia de los hombres con posibilidades de transformar su realidad social, su principio de realidad en un principio no represivo.

El eros, entendido como un impulso vital, un elemento constitutivo de la biología humana, que se expresa en la psique del hombre, aspecto ampliamente estudiado por Freud y ensalzado por Marcuse en su teoría crítica, es tanto el artífice de la civilización como el realzador de la sexualidad. El eros contiene en sus haberes, la auto-represión, que requirió para responder a los ataques del Superego y del Id, además de los ataques de la realidad. Pero también contiene las posibilidades liberadoras del hombre.

La civilización occidental construyó héroes civilizatorios a partir de la mitología griega, Prometeo es su imagen literaria por excelencia. Un héroe del sacrificio y el dolor que resulta de la lucha por la sustentación de la civilización. Marcuse propone unos nuevos héroes que transforman el principio de realidad en un principio erótico. Orfeo y Narciso, exhorta a la admiración de la belleza y a la placentera gratificación de la energía libidinal. Ya el eros no está en conflicto con el tánatos, la afirmación instintiva va a soportar una nueva estructura civilizatoria.

La transformación de la sexualidad en eros va a implicar necesariamente la transformación del orden civilizatorio en un orden social erótico, que va a implicar la trascendencia de la sexualidad a gratificaciones más completas. La eliminación de la represión excedente va de la mano con la liberación total de la sexualidad. En este nuevo orden social la sublimación no represiva va a transformar el principio de realidad.

Bien manifestaba Platón que todo contacto del hombre con el conocimiento inicia en Eros. La energía erótica es la responsable de imprimir en el hombre la necesidad de buscar el conocimiento. La brecha que la tradición filosófica abrió entre la razón y la sensación no ha impedido que el arte tome su papel determinante: el arte es responsable de la afirmación del instinto de vida y de la lucha por la liberación sexual de la represión excedente.

Así eros utiliza al arte como mecanismo de liberación y configuran el orden social correcto: el orden social erótico. En él la civilización es edificada por una sublimación no represiva, la sexualidad logra gratificaciones más completas. Así, se establece una relación dialéctica entre el impulso biológico y el impulso cultural.

En la dimensión estética, el arte logra colarse en sensualidad desde la intuición para luego transfigurarse en la conceptualidad a través de la noción. Es decir, el arte es intuitivo e inteligible.

Esta ruptura con la hegemonía de la razón sobre la sensualidad repercutiría en la reconfiguración del orden civilizatorio. Ya el orden social no sería el del deber sino el de la belleza, el de Eros.

Por otro lado, la ortodoxia marxista, con su colectivismo desbordado, anuló las posibilidades de desarrollo de las potencialidades subjetivas del individuo comunista. El sujeto se encontraba preso de las relaciones sociales, la comunidad, los intereses del partido y la defensa de la revolución estaba por encima de todo. Esto, luego de ser una tergiversación del pensamiento marxiano y una atrocidad en el nombre de Marx, se configuró como una nueva sociedad opresora, con una promesa de libertad traicionada por los intereses de las nuevas burguesías.

El arte concientiza al hombre, este hombre consciente va a ser el encargado de transformas su propia realidad y, en consecuencia, la realidad que le rodea. El hombre asume su responsabilidad ante la posibilidad de cambiar el mundo que le fue otorgada. La dimensión estética es una promesa de libertad, de libertad real, materializada, en donde el hombre puede acabar con las condiciones existenciales que lo han deformado a lo largo de la historia de la civilización.

En Herbert Marcuse, la interpretación y la teorización de la estética no es un capricho erudito: el arte es constitutivamente revolucionario. Toda expresión artística tiene el poder de manifestar la realidad como es, manifiesta la realidad como es, entonces, tiene contenida la verdad. En tal sentido, como contenedora de verdades y expresiva de realidades, tiene la facultad de transformar el mundo. Pero transforma el mundo a partir de la transformación de la estructura de la personalidad del sujeto, de su psique.

La dimensión estética le da al hombre las posibilidades de libertad, le da la ventaja de desligarse y desterrar las promesas de libertad de la sociedad opresora. La sociedad industrializada avanzada enajena al hombre con el consumo y la sociedad de bienestar, la tecnología irracionalizada mantiene al hombre en un estado de alienación aberrante, esta depredación aterradora hace que el hombre se sienta libre, porque están garantizadas las libertades contenidas en la Declaración de Derechos Humanos. Estas libertades tienen una materialización opresora atroz.

Por otro lado, está la sociedad marxista ortodoxa, es difícil determinar cuál de las dos es peor; la propuesta socialista enarbolada por Marx es una propuesta en la que a través de la praxis política radical el hombre se hace libre y su libertad se colectiviza. Es a través de la afirmación de las potencialidades subjetivas del hombre que la sociedad se transforma y se constituye en una sociedad en la que todos los hombres tienen acceso a la satisfacción de sus necesidades básicas, lo que le va a permitir autorealizarse. Pero el marxismo real, tergiversó, acomodó y traicionó la teoría marxiana, se instauraron tiranías en el nombre del marxismo. La promesa de libertad fue vejada a causa del desprecio por la subjetividad y de la condena a la subyugación frente a la ordenanza partidista. Esto fue un nuevo modelo represivo enajenante.

El planteamiento marcusiano no es retornar a la sociedad de pobreza y a la marginalidad a la que ha sido sometido el hombre, es eliminar el despilfarro del Estado y así aumentar los bienes materiales susceptibles de distribución. No se trata del retorno a la sociedad atecnológica, de lo que se trata es de eliminar de la tecnología la irracionalidad. La propuesta es la configuración de un nuevo orden civilizatorio en el que el principio de realidad sea sustentado por la sensualidad, en el que eros desublimado marque la pauta para la construcción de nuevas máximas morales y epistémicas: la razón de la libertad, la moral de la libertad y el orden social de la belleza van a resultar en la felicidad del hombre.

Referencias bibliográficas

Adorno, T. W., 1983. Teoría Estética. Barcelona: Ediciones Orbis, S.A. Barrera, M. F, 2009. Técnicas de Análisis en Investigación. Caracas: Ediciones Quirón, S.A.

Bautista, N., 2011. Proceso de la investigación cualitativa. Colombia: Editorial el manual moderno.

Bayer, R., 1980. Historia de la Estética. México: Fondo de Cultura Económica.

Bense, M., 1976. Estética. Buenos Aires: Ediciones Nueva Visión. Ferrater, J. 2004. Diccionario de Filosofía. Barcelona: Editorial Ariel, S. A. Freud, S., 1963. Más allá del Principio de Placer. Buenos Aires: Amorrortu Editores.

Freud, S., 1978. El Porvenir de una Ilusión. México: Alianza Editorial. Freud, S., 1984. El Malestar en la Cultura. México: Alianza Editorial.

Gadamer, H.G., 1998. El Giro Hermenéutico. Madrid: Ediciones Cátedra, S.A. Hegel, G. W. F., 1954. Estética. Buenos Aires: Librería El Ateneo Editorial. Heidegger, M., 1958. Arte y Poesía. México: Fondo de Cultura Económica.

Heidegger, M., 1996. El Origen de la Obra de Arte. Madrid: Alianza Editorial, S.A.

Hurtado, J., 2008. La investigación proyectiva. Blog sobre la metodología de la investigación, la epistemología y la didáctica desde una comprensión sintagmática de la ciencia. Consultado en: http://investigacionholistica. blogspot.com/2008/02/lainvestigacin- proyectiva. html

Kant, I., 1954. Crítica del Juicio. México: Fondo de Cultura Económica.

Kant, I., 1919. Lo Bello y lo Sublime, Ensayo de Estética y Moral. Barcelona: Universal Editores.

Marcuse, H., 2001. Guerra, Tecnología y Fascismo. Medellín: Universidad de Antioquía.

Marcuse, H., 1967. Acerca del carácter afirmativo de la cultura. Buenos Aires: Editorial Cultura y Sociedad.

Marcuse, H., 1968. Cultura y Sociedad. Guaymas: Editorial Joaquín Mortiz, S.A.

Marcuse, H., 1969. La Sociedad Industrial y el Marxismo. Buenos Aires: Editorial Quintaria.

Marcuse, H., 1969. Un Ensayo sobre la Liberación. Guaymas: Editorial Joaquín Mortiz, S.A.

Marcuse, H., 1972. La Sociedad Opresora. Caracas: Editorial Nuevo Tiempo, S.A.

Marcuse, H., 1980. Razón y Revolución. Madrid: Alianza Editorial, S.A. Marcuse, H., 1983. Eros y Civilización. Madrid: Editorial Sapere. Marcuse, H., 1986. El Final de la Utopía. Barcelona: Editorial Planeta de Agostini, S.A.

Marcuse, H., 1986. Ensayos sobre Política y Cultura. Barcelona: Editorial Planeta de Agostini, S.A.

Marcuse, H., 1996. Sobre Libertad, Necesidad, Sujeto Revolucionario y Autogobierno. Barcelona: Editorial Planeta de Agostini, S.A.

Marcuse, H., 2007. La Dimensión Estética, Crítica de la Ortodoxia Marxista. Madrid: Editorial Biblioteca Nueva, S.L.

Marcuse, H., 1973. Contra revolución y Revuelta. Guaymas: Editorial Joaquín Mortiz, S.A.

Marcuse, H., 1968. El Hombre Unidimensional. Guaymas: Editorial Joaquín Mortiz, S.A.

Müller, M. y Halder, A., 1976. Breve Diccionario de Filosofía. Barcelona: Editorial Herder.

Osborn, R., 1967. Marxismo y Psicoanálisis. Barcelona: Ediciones Península. Plazaola, J., 2007. Introducción a la Estética: Historia, Teoría y Textos. Bilbao: Publicaciones de la Universidad de Deusto.

Sánchez V., A., 1978. Antología de Textos de Estética y Teoría del Arte. México: UNAM.

Schiller, F., 1795. Cartas Sobre la Educación Estética del Hombre. Consultado en: http://www.scribd.com/doc/84759644/Friedrich-Schiller-Cartas-sobre-la-educacion-estetica-del-hombre

Schiller, F., 1962. De la gracia y de la dignidad. Nova, Buenos Aires. Schuster, M., Beisl, H., 1982. Psicología del Arte. Barcelona: Editorial Blume.

Conti, R., realidad y posibilidad en los objetos estéticos. Una complementación ontológica de la teoría estético- social de H. Marcuse Revista de Humanidades [en línea] 2013, (enero-junio): [Fecha de consulta: 27 de julio de 2017] Disponible en: http://www.redalyc. org/articulo. oa?id=321227371001 ISSN 0717-0491

Conti, R., (2011). La desalineación estética en Schiller y Marcuse: Un retorno sobre el problema de la raciona- lidad mutilada. Tópicos, (21) Recuperado en 27 de julio de 2017, de http://www.scielo.org.ar/scielo. php?script=sci_arttext&pid=S1666- 485X2011000 100003&lng=es&tlng=es

Conti, R., (2012) Realidad y Posibilidad en los Objetos Estéticos. Una Complementación Ontológica de la Teoría Estético-Social de H. Marcuse. Revista de Humanidades, núm. 27, enero-junio, 2013, pp.11-25 Recuperado en 27 de junio 2017, de http://www. redalyc.org/articulo.oa?id=321227371001

Gadamer, H., 1966. Estética y Hermenéutica. Revista de Filosofía No12, 5-10.

Jorge, C., 2011. Modos de presentar una tesis filosófica. Consultado en: página de blog en internet http://car- loshjorge.blogspot.com/search?updated-min=2011-01 -01T00:00:00-04:30&updated-max=2012-01-01T00: 00:00-04:30&max- results=2

Marcuse, H., 1970. El Arte en la Sociedad Unidimensional. Caracas: Editorial Nuevo Tiempo.

Rocha, A., Herbert Marcuse: entre psicología y filosofía lí- mite [en línea] 2014, 9 (): [Fecha de consulta: 27 de julio de 2017] Disponible en: http://www.redalyc.org/articu- lo.oa?id=83642583003ISSN 0718-1361

Índice de contenido

Esta edición de *Una promesa de libertad traicionada*
se terminó de imprimir en octubre 2018,
en Caracas, Venezuela. En su composición
se emplearon tipos de la familia Garamond
y Avant Garde sobre papel bond 20 gramos.

www.ingramcontent.com/pod-product-compliance
Lightning Source LLC
Chambersburg PA
CBHW021625270326
41931CB00008B/880